ZOUHAIROU OUSMANE

Change ta vie à 180 degrés et triomphe

ZOUHAIROU OUSMANE

Change ta vie à 180 degrés et triomphe

Les clés du succès, de la réussite et du bonheur

Éditions Vie

Imprint
Any brand names and product names mentioned in this book are subject to trademark, brand or patent protection and are trademarks or registered trademarks of their respective holders. The use of brand names, product names, common names, trade names, product descriptions etc. even without a particular marking in this work is in no way to be construed to mean that such names may be regarded as unrestricted in respect of trademark and brand protection legislation and could thus be used by anyone.

Cover image: www.ingimage.com

Publisher:
Éditions Vie
is a trademark of
Dodo Books Indian Ocean Ltd. and OmniScriptum S.R.L publishing group

120 High Road, East Finchley, London, N2 9ED, United Kingdom
Str. Armeneasca 28/1, office 1, Chisinau MD-2012, Republic of Moldova, Europe
Printed at: see last page
ISBN: 978-613-9-59467-2

SOMMAIRE

INTRODUCTION

« Prends-toi en charge pour réussir ta vie », c'est ainsi que j'aimerais introduire ce petit ouvrage que j'écris, non pas à l'endroit de tout le monde, mais à destination de ceux qui désirent réellement donner un sens à leur vie. Je ne proclame pas ce livre, exhaustif dans le sens d'une complétion de toutes les dimensions d'une vie humaine. Mais je sais, qu'à presque tout le monde, les lignes qui suivent pourront apporter un véritable plus. Pour ceux qui ont déjà hautement évolué intellectuellement (je ne parle pas de diplômes), ce sera autant un élément de consolidation de leurs acquis qu'un objet de critique. Quant à ceux qui sont à la genèse de leur développement humain et personnel, ceci pourrait constituer une base parmi tant d'autres, pour valoriser leur vie, et atteindre, un tant soit peu, la véritable prospérité. Ceci n'est pas un simple écrit de motivation, mais un ensemble d'explications, de directions, de questionnement, mais aussi d'astuces qui peuvent orienter vers un véritable accomplissement des différentes dimensions de votre vie. Des orientations physiques aux orientations spirituelles en passant par des descriptions du fonctionnement du cerveau et les astuces pour faire évoluer sa fortune, il y a ici de la matière pour mieux maîtriser sa vie et s'approcher du bonheur.

Nous parlons ici humblement, des bonnes mentalités à avoir, mais aussi des bonnes attitudes à adopter pour être une valeur ajoutée dans la société. Eh oui, toute réussite passe par cela. Car, en vérité, votre importance ne se mesure qu'à ce que vous apportez aux autres. Et votre épanouissement passe par ce que vous apportez et par l'image que vous arrivez à vous constituer de vous-mêmes. Comment se constituer une excellente image de soi-même ? Vous ne trouvez pas un sens à votre vie ? Lisez la suite.

Chapitre 1

SE DÉVELOPPER POUR OBTENIR PLUS DANS LA VIE

Le crédo est très simple quand on considère l'approche du célèbre orateur Jim Rohn:

"Vous pouvez augmenter vos revenus en devenant tout simplement meilleur que ce que vous étiez."

Très simple n'est-ce pas ? Pourtant, ce n'est pas si facile à appliquer pour tout le monde. Une autre façon de dire la même chose est que vous avez la possibilité de multiplier vos gains, votre argent, tout simplement en augmentant votre valeur. Le challenge revient donc à modifier tout simplement votre personnalité, vos habiletés et vos capacités. Vous êtes appelé à changer obligatoirement si vous désirez augmenter vos gains. Et de manière inversée, voici l'autre vérité :

"À moins que vous changiez qui vous êtes, vous aurez toujours les mêmes revenus !"

En clair, vous ne pourrez pas gagner plus si vous ne vous changez pas, si vous n'évoluez pas, si vous n'augmentez pas votre valeur, si vous ne devenez pas une meilleure version de vous-même, si vos compétences en matière de gestion ne se peaufinent pas, si votre façon de penser et de réfléchir ne change pas. Cela va sembler évident, mais on ne saurait trop le dire. L'expérience nous prouve que :

"Vos revenus restent souvent proportionnels à votre développement personnel."

Cela dit, il arrive que les revenus soient propulsés, de façon soudaine, par une chance extraordinaire et fassent un bond spectaculaire. Mais une chose reste certaine : à moins que vous ne vous développiez pour vous mettre au niveau de ces revenus, ces revenus reviennent toujours au point de départ. Si vous gagnez de manière spectaculaire 100 millions et que vous ne devenez pas « Millionnaire » dans l'âme, vos revenus vont baisser à coup sûr. La vie a des règles étranges ! Si vous avez la chance d'obtenir des millions de quelqu'un, vous feriez mieux de vite devenir « Millionnaire » afin de pouvoir conserver cet argent. Autrement, il n'y a aucun doute que tout va disparaître ! Quelqu'un ne disait-il pas : « **Si vous preniez tout l'argent disponible chez les gens et que vous le distribuez de manière égale à tout le monde, nul doute que l'argent reviendra encore très tôt dans les poches d'où il provient.**» Ce qui confirme la vérité suivant :

"Le succès, c'est une chose que l'on attire ; non pas une chose que l'on poursuit."

Le succès recherche tout simplement le bon endroit où s'installer. En clair, au lieu de courir après le succès, travaillez plutôt sur vous-même. D'où la notion de développement personnel dans sa véritable essence. Et c'est pourquoi vous devez analyser chaque aspect de votre vie et surtout chaque activité dans laquelle vous vous impliquez. Concernant votre job par exemple, la question à vous poser n'est pas : qu'est-ce que vous gagnez comme salaire. Mais la question adéquate que vous devriez vous poser, c'est : qu'est-ce que je deviens ? Qu'est-ce que je gagne en matière de développement ? De quelle amélioration personnelle je bénéficie avec ce job ? Quelles compétences je cultive grâce à ce job ? Quelle évolution personnelle j'obtiens avec ce job ? La grande question n'est donc pas liée à vos revenus financiers directs mais plutôt, a trait avec ce que vous devenez en tant que personne. Car, en vérité, le véritable bonheur n'est pas forcément déterminé par ce que vous gagnez, mais plutôt par la personne que vous devenez. Le développement personnel est donc l'enjeu principal.

SAVOIR SE FIXER DES OBJECTIFS

Le simple fait de fixer des objectifs peut drastiquement changer votre vie. Jim Rohn ne disait-il pas qu'il était étonné quand son mentor Earl Nightingale Shoaff lui disait que le simple fait d'avoir une liste d'objectifs à atteindre modifie complètement le cours de la vie d'une personne ? Malheureusement, personne ne nous apprend souvent comment fixer des objectifs durant notre cursus scolaire. Du primaire au secondaire et même à l'université, je ne me rappelle d'aucune fois où l'on nous a enseigné comment se fixer des objectifs et les atteindre. Personnellement, j'ai eu un père qui m'avait appris à voir grand et à avoir de grands buts dans la vie. J'ai d'ailleurs hérité de lui cette rage de gagner et de réaliser ce que je promets de réaliser. Mais concrètement, je n'ai que tardivement appris comment concrètement se fixer des objectifs. Si Jim Rohn a eu la chance, à 25 ans, de rencontrer visuellement Earl Shoaff, moi j'ai eu la chance de tomber sur les leçons de Jim Rohn pour apprendre cette compétence.

LES MALADIES DE L'ATTITUDE

Les maux liés à l'attitude semblent être similaires aux maladies physiques. Les maux liés à l'attitude peuvent être destructifs, voire mortels. Ils peuvent anéantir tout ce que vous entreprenez, voire tout ce que vous avez accompli. Il est donc essentiel de parler des maux liés à l'attitude quand on parle d'épanouissement et de succès. À quoi ressemblent-ils, quels sont-ils et quels en sont les remèdes ?

LE JOUR OU VOTRE VIE PREND UN VIRAGE À 180 DEGRÉS

Commencez par vous inculquer que :

“La principale clé pour vous construire un meilleur avenir, c’est vous-même.”

Voici une phrase qu’il est essentiel de se rappeler pendant toute la journée. Pourquoi ne pas l’inscrire sur un support, un endroit où vous pouvez le voir chaque matin et même plusieurs fois par jour ? Cela vous aidera beaucoup. C’est une phrase qui doit se graver dans votre tête et devenir partie intégrante de votre philosophie, de votre être de votre vie.

Parmi les choses qui m’étonnent dans la vie, il y a le fait que deux personnes peuvent travailler dans une même entreprise, et il se produit que l’une est rémunérée avec un salaire deux fois supérieur au salaire de l’autre. Pourquoi donc ? Le plus étonnant dans l’histoire, c’est qu’ils ont peut-être le même âge, ont obtenu les mêmes diplômes dans les mêmes écoles, vivent dans un même milieu, travaillent pour la même entreprise avec les mêmes enjeux, subissent les mêmes contraintes, font face aux mêmes difficultés sociales et, alors que l’un se fait par exemple 1000 dollars le mois, l’autre gagne jusqu’à 2000 dollars par mois. Le questionnement est celui-ci : pourquoi cette liste de réalités sociales est similaire et que l’un gagne deux fois plus que l’autre néanmoins ? Il est alors légitime de se demander qu'est ce qui peut créer une différence pour l'obtention d'un revenu mensuel de 1000 dollars et l'obtention d'un revenu mensuel de 2000 dollars ? C’est encore plus épatant lorsque l’un se fait 3 fois plus de revenus que l’autre ! La compensation de l’un s’avère plus significative que celle de l’autre ! Quelle est la cause sous-jacente ?

Lorsqu’on se pose cette question, plusieurs éléments de réponses peuvent être supposés. Pourquoi pas le temps ? On peut supposer que l’un dispose peut-être de plus de temps que l’autre et c’est la raison pour laquelle il peut fournir une meilleure production, une prestation bien plus significative ! Cela reste une supposition. Celui qui gagne le moins peut donc se dire que s'il disposait du temps de l'autre, alors il ferait pareil et gagnerait le même revenu. Mais ce raisonnement semble bien tiré par les cheveux. Tout d'abord, il n'est pas possible d'avoir le temps d'une personne, on ne peut disposer que de son propre temps. Une personne qui dirait par exemple « si je dispose de temps supplémentaire, alors je me ferai des revenus supplémentaires ». On lui répondrait simplement alors qu'il n'y a nulle chance d'autant que le surplus de temps n'existe pas. Le temps supplémentaire n'existe pas, il n'y a que 24 heures par jour. Quand il est minuit, une journée est terminée et il n'est pas possible d'avoir un quelconque « bonus de temps ».

La question intéressante est donc celle-ci : s'il n'est pas possible d'avoir du temps supplémentaire, alors que pouvez-vous acquérir en supplément, que pourriez-vous améliorer qui pourrait positivement affecter vos résultats financiers ? La réponse vous vient peut-être déjà en tête ! Ce n'est rien d'autre que de **la valeur.**

"La valeur fait la différence au niveau des résultats."

Vous n'êtes pas en mesure de vous créer plus de temps mais vous êtes en capacité de vous créer une plus grande valeur. Vous pouvez augmenter votre valeur. Il n'est pas faux de dire que nous sommes, avant tout, rémunérés pour ce que nous valons. C'est sans doute une des plus importantes leçons économiques que l'on doit retenir. Votre valeur sur le marché détermine votre paie. Le terme « plus-value » vient à point nommé pour illustrer la chose. Vous devez être une valeur ajoutée par rapport à la concurrence si votre dessein est d'avoir un revenu supérieur à la moyenne. Apportez de la valeur sur le marché, et vous serez proportionnellement payé en retour. En outre, la question que l'on est éventuellement appelé à se poser est donc de savoir s'il est possible que vous acquériez une valeur deux fois plus grande que celle actuelle, et, par la même occasion, gagner deux fois plus que votre revenu actuel ? Allons plus loin ! ***Est-il possible de multiplier sa valeur par 3, voire par 4 ? Et multiplier alors son revenu par 3, par 4 ? La réponse est oui.*** Mais bien sûr, il y a un « si ». Et il y a toujours un « si » d'autant que la vie elle-même est considérée comme un très grand « si ». Harry Truman, un ancien président des USA disait : « *Life is iffy* », signifiant que la vie est constituée que de « si ».

Le premier « si » pour augmenter votre valeur sur le marché et multiplier votre revenu consistera à **travailler prioritairement sur vous-même**. Le principal enjeu consistera alors à travailler, en prélude et au-delà de tout, sur soi-même. Jim Rohn affirmait que certaines personnes lui demandaient comment gagner des revenus extraordinaires. La réponse est de devenir tout simplement une 'personne extraordinaire'. Vous ne devez pas être assimilable au reste. Et cela concerne les moindres détails. Selon Jim Rohn, vous devez développer par exemple une poignée de main extraordinaire, un simple exercice par lequel vous pouvez commencer pour emprunter le chemin du succès. Devenir une personne à succès consiste à travailler sur les moindres détails de sa vie. Vous devez par exemple développer un sourire extraordinaire. Votre façon de vous exciter doit être de haute gamme. Vous devez développer une façon extraordinaire de vous intéresser aux autres personnes. Votre volonté de gagner doit être au-delà de la moyenne. Vous devez devenir une personne au-delà de la moyenne. Et toute votre vie changera. Ce n'est pas sans raison qu'une des manières de connaître la frustration consiste à rechercher un meilleur job, gagner un meilleur revenu, mais sans devenir une meilleure personne ! C'est une façon certaine d'être déçu, de faire face à de la frustration. Nous citerons ici une des phrases favorites de Jim Rohn qu'il a lui-même reçue de son mentor Earl Shoaff :

« **Travaillez plus dur sur vous-même que vous ne travaillez pour votre job.**»

Personnellement, c'est une idéologie que j'ai pratiqué dans ma vie et j'ai concrètement vu mes revenus se multiplier comme jamais auparavant. En tant que rédacteur web, mon gros souci était, à mes débuts, d'écrire beaucoup de textes pour amasser le plus de sous. Je faisais peu attention à la qualité des textes, consacrant peu de temps à relire mes textes et à peaufiner mon style d'écriture. Toutefois, depuis que j'ai commencé par appliquer le principe de cette phrase, j'ai réduit mes horaires de travail, et paradoxalement, multiplié mes gains. Si d'antan, je courrais après les commandes, désormais c'étaient les clients qui me sollicitaient pour mes prestations. Et pour cause, j'ai élevé mon niveau, j'ai complètement augmenté ma valeur sur ce marché. Je me suis positionné comme une véritable référence sur la plateforme de rédaction et mon revenu par mot a augmenté. Progressivement, j'ai monté les échelles et suis devenu auteur 5 étoiles, le niveau le plus haut sur cette plateforme de rédaction. Pour ce faire, j'ai dû suivre plusieurs vidéos sur la rédaction, lire et relire une multitude d'articles permettant de perfectionner mon style d'écriture, peaufiner mes techniques SEO et apprendre à prendre le temps de relire minutieusement mes textes pour livrer des articles avec le moins de fautes possibles. En résumé, je suis devenu un « auteur au-delà de la moyenne ». C'est de cela qu'il s'agit, devenir un élément hors du commun.

On ne le rappellera jamais assez : **pour que les choses changent dans votre vie, vous devez, vous-même changer.** Et cette phrase est tellement logique ! Elle suit tout simplement le principe de la cause et de l'effet. Si vous ne changez pas, rien ne changera dans votre vie. N'espérez pas de miracle comme beaucoup de personnes qui espèrent tout simplement que les choses changent dans leur vie sans entreprendre quelque amélioration que ce soit. Si vous pensez de cette manière, vous vous rendrez vite compte que rien ne se produit depuis que vous espérez. Et on peut dire que *ça craint* pour vous !

Le soleil se lève et se couche depuis plusieurs millénaires et ce n'est pas prêt de changer tout de suite. Les mêmes saisons se succèdent pendant 365 jours de l'année, il en est ainsi depuis des millénaires et ce n'est pas prêt de changer tout de suite ! Ce sont les faits, les choses de la vie. De la même manière, il y a toujours eu des moments de quiétude et des moments d'inquiétude, des périodes d'aisance et des périodes de difficulté. Parfois tout va bien, d'autres fois tout va de travers. Les opportunités se présentent autant que les difficultés ; il en est ainsi depuis des milliers d'années et ce n'est pas prêt de changer. Pourquoi espérez-vous alors que votre vie change tout simplement avec le temps, sans des causes sous-jacentes ? La réalité est celle-ci : votre vie ne changera qu'à condition que vous-même vous changez. On en revient encore à la même vérité : **la seule façon pour que les choses se passent mieux dans votre vie est que vous vous améliorez.**

Pour ce faire, il faudra accorder plus de temps aux choses qui importent et moins de temps aux choses futiles. Jim Rohn désigne les choses qui importent par les CHOSES MAJEURES (*Majors* en anglais). Moi je les traduirais par les **PRIMORDIAUX.** Le problème avec certaines personnes qui ne s'en sortent pas est qu'ils fournissent beaucoup d'efforts dans les choses mineures, de moindre importance. Et il est facile de tomber dans ce piège. Voilà pourquoi il est essentiel, à la fin de chaque jour, de chaque semaine ou de chaque mois, de procéder à une analyse de vos habitudes pour vous assurer que vous ne passez pas plus de temps dans les choses mineures que dans les PRIMORDIAUX.

Voici deux vérités que vous devez retenir.

1- La vie et le business sont comparables aux saisons, qui changent constamment. Une des meilleures façons de définir la vie est de la comparer aux saisons.

2- Vous ne pouvez pas changer les saisons mais vous pouvez vous changer vous-même. Votre vie ne s'améliore donc pas par chance mais plutôt par le changement de vos habitudes et de votre personnalité.

Par conséquent :

1- Apprenez à gérer les saisons difficiles. Jim Rohn les appelle les **hivers**. Elles surviennent après les bonnes saisons, et ceci, de façon régulière. Les saisons difficiles peuvent être longues ou parfois courtes, mais une chose est sûre, elles arrivent toujours. Par substitution, vous devez apprendre à bien gérer les difficultés car elles viennent toujours après les opportunités. Vous devez apprendre à gérer les périodes de récession car elles suivent les périodes de progression. Et les saisons difficiles, il y en a de tout type. Certaines sont modérées, et d'autres, très compliquées. Parfois, tout va mal et on n'arrive à rien comprendre de ce qui se passe. Il existe ces moments difficiles où tout va de travers, les choses que vous essayez ne marchent pas, vous manquez d'argent et vous avez le cœur brisé. Tout cela fait partie des saisons difficiles. Il y a donc des hivers économiques, des hivers sociaux, des hivers personnels (ces périodes où votre cœur est en mille morceaux et que les nuits deviennent extraordinairement longues), etc. Ces temps où vos prières ne montent pas plus haut que le niveau de votre tête, ce sont les saisons difficiles, les saisons hivernales. Mais c'est normal, cela fait partie de la vie. Il y a des moments de déception et il y en aura toujours. La seule question qui importe est celle-ci : **comment gérez-vous gérez ces périodes de déception, ces saisons difficiles en général ?** Tout comme il n'est pas possible de sortir de janvier en tournant simplement une page du calendrier, il n'est pas possible d'éviter ces moments. Par contre :

"Vous pouvez devenir plus fort, vous pouvez devenir plus sage et vous pouvez devenir meilleur."

La saison hivernale ne changera pas mais vous, vous pouvez changer. C'est de cette manière que votre vie change. L'erreur commune consiste à désirer que les choses soient plus faciles quand elles sont difficiles, qu'il fasse beau au lieu que le temps soit hivernal. En réalité, comme Earl Shoaff l'a appris à Jim Rohn ;

"Ne souhaitez pas que les choses soient faciles, souhaitez que vous soyez meilleur ! "

La bonne compréhension de cette phrase et sa mise en application peuvent complètement métamorphoser votre vie, tout comme elles changent actuellement la mienne, et tout comme elle a déjà changé la vie d'une multitude de personnes.

- Ne souhaitez pas avoir moins de problèmes, souhaitez acquérir plus de potentialités.
- Ne souhaitez pas moins de challenges, souhaitez avoir plus de sagesse.

2- Apprenez comment tirer avantage des saisons favorables (ce que Jim Rohn désigne par le printemps). Le printemps se présente comme l'opportunité. Ce qui est intéressant, c'est que le printemps suit directement l'hiver. Eh oui ! Le Coran rappelle d'ailleurs cette réalité dans la Sourate 94 : « *La facilité vient toujours avec la difficulté.*» Ce qui est encore plus intéressant, c'est que le printemps suit toujours l'hiver. Depuis des millénaires, il en a été ainsi et pour des millénaires, il en sera encore ainsi. En clair, vous pouvez vous en assurer. Après les temps difficiles, il y a toujours des moments de quiétude. Les opportunités se présentent toujours tout comme le jour succède constamment à la nuit. Les opportunités succèdent aux difficultés. Parfois, la facilité vient au même moment que la difficulté. Encore- faut-il avoir la capacité de l'identifier. Mais vous devez retenir une leçon importante ici :

TIREZ PROFIT

Il est vital d'apprendre à tirer profit du printemps. Lorsque les périodes favorables se présentent, faites-en faire quelque chose de bénéfique. Rien ne prédit que vous serez toujours favorisé pendant la saison suivante, que les choses iront toujours mieux pendant les jours qui vont suivre. Vous devez donc prendre les précautions nécessaires alors que l'opportunité est encore présente. Confucius ne disait-il pas : « **lorsque vient la prospérité, ne l'utilisez pas en totalité** ». Autrement dit, il faut penser à l'avenir qui ne sera pas forcément toujours rose. Aussi, faut-il savoir tirer profit le plus vite possible. Les opportunités ne sont pas là pour l'éternité. La vie elle-même n'est pas éternelle, elle est véritablement brève. La vie est très courte. Donc ce que vous avez à faire, faites-le dès que possible. Ne laissez pas les opportunités passer encore et encore. Semez des graines autant que possible afin de pouvoir récolter ultérieurement.

3- Apprenez à protéger vos semences ou récoltes pendant l'été. Ce que vous avez planté au printemps, vous devez le conserver et en prendre soin. Dans la plupart des cas, il s'agira de poursuivre ce que vous avez entamé. Rappelez-vous que lorsque vous plantez une semence, il y a automatiquement des menaces qui se présentent pour vous l'enlever. Et elles vous l'enlèveront à moins que vous ne l'empêchiez. Il faudra donc apprendre à empêcher les intrus de s'emparer de tout ce que vous avez entamé de bon, de détruire vos projets. Les intrus peuvent venir de l'extérieur, tout comme ils peuvent être vos mauvais penchants, vos mauvais choix et vos mauvaises habitudes (de votre intérieur donc), sans oublier le diable toujours prêt à vous nuire. Et cela représente un des grands défis de la vie. Retenez ceci :

- **Tout bien sera attaqué sur cette terre.** Tout jardin sera envahi. Penser autrement serait vraiment naïf.

- **Toute valeur doit être défendue**, qu'il s'agisse de valeur politique, de valeur sociale, de valeur familiale, de valeur amicale, de valeur économique, etc.

4- Apprenez à moissonner en automne sans vous plaindre et sans vous excuser. Apprenez à prendre la complète responsabilité de ce qu'il vous arrive. **Le fait d'accepter la totale responsabilité de ce qui vous arrive est une des formes les plus éminentes de maturité humaine**. Le jour où vous commencez à prendre la totale responsabilité de ce qui vous arrive, c'est ce jour que vous passez de l'enfance à l'âge adulte. Aussi, apprenez à moissonner sans vous excuser. En clair, lorsque vous subissez les méfaits de vos actes, acceptez la responsabilité sans vous plaindre, et si vous récoltez les fruits de vos labeurs, acceptez la responsabilité et les honneurs sans vous excuser. La leçon ici consiste à ne pas blâmer les autres, votre famille, le gouvernement, les taxes, la société, le monde, le temps, les circonstances ou quoi que ce soit pour ce qui vous arrive. En vérité, vous et vous seul êtes le problème et la solution.

"Ce n'est pas ce qui se passe qui détermine la qualité et la proportion de votre vie, mais plutôt, ce que vous faites de ce qui se passe change tout."

En vérité, ce qui se passe arrive à tout le monde. Les mêmes circonstances peuvent se produire dans la vie de deux personnes et on remarquera que, alors que l'un s'en sort, l'autre sombre. Il faut savoir que les pires choses peuvent se produire dans la vie. Cela rappelle bien la loi de Murphy qui préconise que : « *Tout ce qui est susceptible d'aller mal ira mal.* » Et c'est pourquoi il arrive des fois où on a l'impression que le monde semble tomber sur nous, ces périodes où absolument tout va mal. Mais malgré les apparences, ce qui compte, ce n'est pas ce qui se passe, mais plutôt ce que vous en faites. Certaines personnes aiment se plaindre en disant des phrases telles que : « *Tu n'as aucune idée des déceptions que je subis.* » Qu'elles se rappellent alors que tout le monde traverse des moments difficiles. Les déceptions et les tragédies ne sont pas exclusivement réservées aux pauvres. Chacun a son tour chez le coiffeur. La différence réside dans ce que vous faites de vos déceptions et de vos malheurs. Si, pour une raison ou une autre, vous blâmez le temps qu'il fait par exemple, vous serez surpris de savoir que la pluie tombe également sur les riches.

En parlant de pluie, donnons l'exemple de deux personnes qui se réveillent et se rendent compte qu'il pleut.

- L'un d'entre eux dit alors « Oh quelle pluie ! Avec cette averse, l'on ne peut espérer faire des ventes. » Il reste donc à la maison.

- Le second, quant à lui, dit : « Oh quelle pluie ! Avec un temps pareil, quoi de mieux que d'aller effectuer des ventes ! ».

Dans les mêmes conditions, les deux personnes ont agi différemment et il n'y a aucun doute que le second tirera avantage de la situation mieux que l'autre. C'est ce dont il s'agit en réalité ; ce que vous faites de ce qui se passe.

De là, la question qu'il est sage de se poser est de savoir ce que vous entamerez à partir de demain qui pourrait créer une différence dans votre vie. Si, demain, vous ne commencez pas à faire quelque chose de différent, vous pouvez être sûr que tout sera encore pareil dans votre vie dans 3 mois, dans 1 an, dans 10 ans. Votre situation de la vieille ne divergera pas vraiment de votre situation actuelle et/ou future. Et si vous continuez à agir ainsi, vous pouvez être certain que vos 5 prochaines années seront similaires à vos 5 dernières années. À moins que vous ne preniez la décision de tout changer, en prenant une décision, en changeant vos habitudes, en entamant quelque chose de nouveau, en apportant une touche nouvelle. Vous avez donc le choix : changer quelque chose, changer beaucoup de choses ou ne rien changer du tout.

Mais n'est-il pas intéressant de savoir qu'à tout moment que vous le désirez, vous pouvez changer votre vie entière ? Allez au plus profond de vous et faites surgir des dons importants, des talents particuliers, des potentialités qui dorment en vous. Utilisez-les ou un seul d'entre eux pour ensuite changer la manière dont vous désirez évoluer. Changez tout ce que vous souhaitez changer dans votre vie. Et ne doutez pas un seul instant que vous en êtes capable. Vous avez cette faculté unique de choisir, de changer.

> Si vous n'aimez pas comment les choses se passent, changez ça.
> Si quelque chose ne vous plaît pas, changez-la.
> Si une chose ne vous sied pas, changez-la.
> Si ce n'est pas suffisant, changez la situation.
> Si vous n'aimez pas l'endroit où vous résidez actuellement, changez-le.
> Vous n'êtes pas un arbre.

Et vous en êtes capable ! Vous n'êtes plus obligé d'être le même demain qu'aujourd'hui, juste par choix.

Chapitre 2

AVOIR DU SUCCÈS SUR LE MARCHÉ DU TRAVAIL

Aujourd'hui plus que jamais, la notion de succès est très répandue à travers le monde. À la télévision, dans les conférences, dans des séminaires, sur internet, on ne parle plus que de succès. Et cette notion a entraîné une éclosion du concept de développement personnel. Toute chose qui n'est en soi pas mauvaise (si on met de côté les diverses déviations plus ou moins reprochables que plusieurs gourous et vendeurs de rêve en ont fait). Il est intéressant de voir combien les jeunes et même les plus âgés se penchent de plus en plus sur ces sujets. Malheureusement, les interprétations et les utilisations ne cessent de s'écarter de plus en plus de la réelle notion de la chose. Et si nous remettions les pendules à l'heure ? Du moins, du bas de notre modeste expérience ? Surtout que beaucoup n'ont pas encore vraiment saisi les différents enjeux ou plutôt les principaux facteurs qui confectionnent une personne à succès. Et si nous adoptions la manière de voir les choses de Jim Rohn, cela donnerait cette approche de définition, l'approche de conceptualisation suivante :

Le succès est quelque chose que vous attirez vers vous en devenant une personne attrayante.

« Attrayant » ici renvoie à la notion d'une personne qu'on a envie d'avoir, une personne qui devient indispensable, qui apporte une valeur ajoutée, sans qui, un véritable manque se fait ressentir, et avec qui, beaucoup de vides se comblent d'emblée, avec qui, la donne change toujours positivement.

Et qu'est-ce qui fait de vous une personne attrayante sur le marché ; pour que vous parveniez à obtenir le meilleur job, la meilleure paye, la meilleure opportunité, ayez la chance de travailler avec la meilleure équipe, d'être accueillie aux meilleures tables d'apprentissage et d'entrepreneuriat ? Comment parvenez-vous à ce stade ? Vous devez vous rappeler de quelque chose. Il y a ce qu'on peut appeler l'**attitude admissible** et ce qu'on peut appeler l'**attitude compromettante**.

Il est vrai que pour devenir un grand médecin, vous devez faire des études de médecine, pour devenir entrepreneur, il faut entreprendre, pour devenir avocat, il faut aller à la faculté ou à l'école de droit, etc. Il faut développer des talents et des aptitudes pour devenir quoi que ce soit. Mais au-delà de ça, qu'est ce qui fait de vous la perle précieuse sur le marché ? Un certain nombre d'ingrédients sont à réunir en soi pour parvenir à percer et à atteindre les cercles les plus hauts, à côtoyer les meilleurs et à faire partie de l'élite. Et ces différents ingrédients se regroupent dans l'attitude admissible et favorable.

L'ATTITUDE SUR LE MARCHE DU TRAVAIL

Au-delà de tout ce que vous savez faire, de vos talents, de vos potentialités, il y a la manière dont vous vous **comportez**. C'est cela qui va réellement déterminer votre niveau d'ascension. On parle ici de facteurs qui font de vous, de manière évidente, une personne acceptable ou une personne inacceptable. Certains aiment se plaire à ne compter que sur leurs diplômes et leurs compétences, alors que la réalité conjugue le succès autrement. En Afrique, on dit que c'est « l'homme qui fait l'homme ». C'est par les hommes que vous devez forcément passer pour atteindre des objectifs élevés. La notion de sociabilité sera prise en compte. À la fin, une grande partie de la chose sera déterminée par la manière dont les hommes vont vous percevoir, de l'empreinte que vous laissez en eux, de l'image qu'ils retiennent de vous et notamment **des émotions que vous éveillerez en eux**. Et tout cela se résume à votre attitude. Dans cette optique, il s'impose que l'on étudie et maîtrise quelques détails. Eh oui, ce sont les détails qui font toujours la différence.

Avant tout, nous devons tous pouvoir étudier notre marché, notre écosystème, notre milieu de vie, les interactions qui y prévalent, les mœurs, les réalités de cette société, afin de savoir ce qui pourrait y être acceptable ou inacceptable, autrement dit “commode” ou “incommode”. En l’occurrence, quand il s’agit du plan professionnel et entrepreneurial, il faut prêter attention au fonctionnement du marché et détecter les rouages du système.

Voici des leçons importantes que vous devez retenir concernant le marché du travail et des affaires :

1- Vous devez être ultraconservateur sur le marché du travail et sur le terrain des affaires. Ultraconservateur, puisque c’est ce qui va déterminer les circonstances dans lesquelles vous allez vous retrouver et les circonstances desquelles vous pourriez être exclu. Ultraconservateur ici renvoie à une notion de contrôle et de réserve. Il s’agira de calculer ses faits et gestes et d’essayer de les poser de manière adéquate. À titre illustratif, votre **langage** est de prime importance. Le langage a une telle influence sur votre gain, sur vos revenus, sur votre salaire, sur les bénéfices que vous vous faites ! Un langage non surveillé et maîtrisé peut vous coûter de belles opportunités. Certes, ceci n’est pas d’emblée vérifié dans toutes les situations. Dans certaines situations, vous pouvez utiliser un langage incorrect et raconter des histoires sordides toute la journée sans que cela n’ait pas vraiment un impact important. En particulier, si vous êtes un comique, c’est peut-être un langage vulgaire et incontrôlé qui vous remplira les poches.

Toutefois, si vous désirez mettre en œuvre votre talent et votre habileté dans d’autres secteurs du marché, une chose que vous devez pouvoir corriger, ou tout au moins à propos duquel vous devez être précautionneux, est le langage sur le marché du travail. Soyez ultraconservateur quand il s’agit de votre langage. Autrement, cela pourrait vous coûter assez cher ! Il y a des cercles du marché dans lesquels certains langages ne sont pas acceptables ! Il s’agira de savoir où dire quoi.

Notez ceci : *gardez vos blagues pour le bar, pour le pub, pour les séances de détente avec des amis, etc. ! Ne les emmenez pas sur le marché du travail ! Ne vous permettez pas de limiter vos revenus à cause de l'imprudence en matière de langage. Ne soyez pas inattentif ! S'il y a donc quelque chose sur lequel être prudent sur le marché du travail, c'est bien le langage.*

2- Appropriez-vous les bonnes habitudes. Prenons pour exemple le fait de fumer ! Dans plusieurs cercles professionnels et entrepreneuriaux, il n'est pas admissible de fumer. Être fumeur peut être mal vu selon les environnements. Sachez appréhender rapidement ce genre de notions dès que vous arrivez quelque part. Le jugement ici ne concerne pas le fait qu'il soit bon ou pas de fumer. Mais il s'agit de pouvoir être attentif aux détails ! Si vous avez l'habitude de fumer, il serait préférable, quand vous arrivez sur le marché du travail, de ne pas mettre cela en évidence afin de ne pas éventuellement susciter des appréhensions négatives.

Un autre bel exemple concerne le retard. C'est le genre de mauvaises habitudes qui pourraient beaucoup vous coûter sur le marché du travail. Dans certains cercles et même dans la plupart des environnements de travail, si vous êtes un retardataire, vous pourriez en payer cher. Vous pourriez me dire (comme beaucoup se plaisent à le faire) « j'ai été un retardataire toute ma vie .... ». Nul grief par rapport à cela si vous vous y sentez bien ! Mais si cela pourrait vous coûter des millions chaque année, ça n'a toujours pas d'importance ? Ne devriez-vous pas reconsidérer cette habitude ? Ça fait déjà beaucoup à payer juste pour le luxe d'une habitude que vous pourriez aisément corriger, puis jouir des bénéfices d'un marché qui vous a été fermé depuis longtemps !

C'est simple, prenez garde concernant vos habitudes tout comme vous prenez garde concernant votre langage.

3- Se vêtir de la bonne manière. Il est vrai que parfois la manière de s'habiller diverge d'un endroit à l'autre. Mais il faut toujours s'adapter et adopter l'habillement approprié selon les circonstances. Un jour de travail ou à une occasion de business, vous ne pouvez, par exemple, pas vous permettre de vous habiller comme si vous alliez à la plage ! Certes, les modes vestimentaires peuvent être différents selon la région, la localité et même la communauté ! Posez-vous la question chaque fois qu'est ce qui est acceptable sur le marché du travail. Qu'est ce qui serait acceptable pour tout le monde ou la plupart des gens?

Vous devez avoir un habillement approprié afin que cela ne vous coûte pas un marché dont vous pourrez jouir, des clients que vous pourriez avoir ou encore des personnes qui seraient ravies de se joindre à votre cercle de connaissances.

Nous devons tous apprendre ces petits détails, ces commodités sociales afin de ne pas passer, certaines fois, pour des « clowns ». Voici ce qui vous est recommandé :

Prêtez attention à votre habillement, à vos vêtements, à votre attitude, à votre comportement, à votre langage, vos habitudes, en particulier sur le marché du travail, et plus généralement tout milieu où vous pouvez gagner de l'argent !

Ne vous permettez-pas de fermer des portes que vous n'avez pas besoin de fermer !

Ne vous permettez pas de rater des opportunités que vous n'avez pas besoin de rater ! En ne considérant pas certains de ces détails !

4- Faites de votre employeur votre employeur et non votre banquier. Il est possible de perdre très facilement des opportunités parce que l'on veut très vite avoir des augmentations de salaire ou des avances sur le salaire. Votre employeur serait appelé à croire qu'il a engagé la mauvaise personne ! Alors, sachez ne pas faire de votre employeur votre banquier ; faites de votre banquier votre banquier ! Si vous avez besoin d'un extra d'argent, allez voir votre banquier ou ailleurs, mais ne vous dirigez pas vers votre employeur ! Et voici pourquoi : un employeur est comme une opportunité ! **L'opportunité n'a pas besoin de voir votre *besoin* ; l'opportunité a besoin de voir votre *semence*** ! Votre semence est votre valeur ajoutée, votre savoir-faire, vos compétences, etc. Alors, faites simplement de votre employeur votre employeur, de votre banquier votre banquier, et de votre ami votre ami. Par ailleurs, j'ai remarqué qu'il n'est pas idoine de faire de son ami ou d'un proche son banquier. Savez-vous pourquoi on va chez le psychologue ou chez le médecin ? C'est pour confier vos faiblesses sur le plan sanitaire ou autre. Alors ne venez pas exposer vos faiblesses sur le marché du travail. Voici le crédo à adopter :

Exposez votre semence et cachez votre besoin ! En particulier sur le marché du travail.

Travaillez à assouvir votre besoin selon les limites acceptables mais ne l'exposez pas. Démontrez votre volonté, démontrez votre désir, démontrez votre éthique de travail, démontrez votre attitude de celui qui vient tôt et rentre tard ; démontrez cela et non votre besoin. Le marché du travail n'est point intéressé à votre besoin, mais seulement à ce que vous apportez comme valeur ajoutée.

5- Adoptez un excellent code de conduite. C'est une chose intéressante que de prendre un support pour mettre par écrit quel est votre code de conduite. Qu'attendez-vous de vous-même ? Des choses que vous voulez faire et des choses que vous ne désirez pas faire ! Deux grands ensembles entrent en jeu ici

i. Ce pour quoi je veux être reconnu

ii. Ce à quoi je ne voudrais pas être assimilé.

Voici une bonne liste de choses à établir à travers ces deux grands ensembles. D'autant que nous construisons notre réputation jour après jour, semaine après semaine, année après année ; et qu'une opportunité mène à la prochaine et ainsi de suite … dépendamment de ce pour quoi on est reconnu. Ces détails sont des choses qui peuvent ne pas apparaître sur votre curriculum, mais qui sont très importants pour vous-mêmes.

Par exemple, il est bon de se dire :

Je veux être reconnu pour être quelqu'un qui fait toujours de son mieux ! En tant que présentateur, je pourrais ne jamais vouloir que quiconque soit déçu de ma présentation. L'on pourrait ne pas être d'accord avec mes idées, mon opinion (pensant que cela n'est pas juste), mais on ne doit jamais avoir de doute sur ma sincérité, jamais douter de ma capacité à parler depuis mon cœur, de mon âme. Si tu mets ta vie dans ma main et que tu m'envoies te représenter dans un autre pays, je te promets de te représenter dignement, je te promets que tu n'auras pas à rester éveillé pendant des nuits, te demandant si tu as envoyé la bonne personne. Je veux que tu puisses te dire : *oublie ! Un tel est là-bas ! Il prendra tout en charge de la meilleure manière. Il ne se présentera pas en retard et il ne se présentera pas soûl. Il nous représentera correctement.*

Donc la question est celle-ci : **Pour quoi voudrais-je être reconnu ? Quelle réputation je voudrais avoir ?**

Chapitre 3

LE PLUS GRAND DÉFI QUAND ON DÉCIDE DE CHANGER SA VIE – LIBÉRER SON POTENTIEL

Nous parlons de changement, nous le répétons tellement de fois, à croire que c'est quelque chose de facile. Pourtant, c'est tout sauf aisé. C'est tout un processus.

Et ce qui fait que le changement se révèle si ardu est que le corps a acquis un certain nombre d'habitudes qu'il exécute de façon plus ou moins automatique. Le corps semble même mieux maîtriser nos habitudes que notre tête. Les habitudes ne sont rien d'autres que des manières de penser, de réfléchir et d'agir que nous avons répétées tant de fois que le corps et l'esprit s'en sont appropriés. Les habitudes deviennent donc inscrites en l'homme au fil du temps. Les habitudes en question vont du simple fait de se brosser chaque matin au fait de se lever le matin en pensant avant tout à ses problèmes. Et ce dernier exemple (se lever le matin en pensant premièrement à ses problèmes au lieu d'avoir un sentiment de gratitude) est le plus problématique dans la vie d'une personne qui ne se sent pas épanouie.

VOS PENSÉES IMPACTENT VOTRE AVENIR

Beaucoup de personnes, quand ils se lèvent le matin, se connectent à leurs passés, à des personnes et à des pensées diverses. Chacune de ses pensées fait intervenir des neurones mais également des émotions. Leurs expériences passées, qu'elles ressassent, sont en effet associées à des émotions précises. Pour des erreurs commises par le passé par exemple, des émotions de regret et d'infériorité peuvent entrer en jeu. Une personne qui se lève le matin et commence par penser à ses problèmes devient automatiquement insatisfait, malheureux et stressé ! De ce simple fait, on peut déduire que l'état de cette personne à ce moment précis est conditionné par son passé. Le problème, c'est que ce passé ressassé, dans la plupart des cas, va conditionner le futur, un futur pas forcément rose. En clair, vos pensées actuelles vont dessiner votre futur ; ***vos pensées impactent donc votre destin***. En laissant vos émotions guider vos pensées, vous prenez l'habitude de penser en vous ramenant dans le passé. Et cette façon de faire vous conduit à reproduire le passé (négatif) dans le futur, encore et encore.

DES ROUTINES PAS FORCÉMENT AVANTAGEUSES

Certaines personnes, lorsqu'elles se lèvent le matin, se plongent dans leur téléphone, parcourant les fils d'actualité de leurs réseaux sociaux, s'adonnant à des tâches pas très utiles. Et cela, elles le répètent tous les jours de sorte que cela devient leur routine. Cette routine s'implante dans leur subconscient de telle manière que ces personnes s'y adonnent sans même rendre compte. Elles perdent ainsi leur capacité à s'auto-planifier, à déterminer elles-mêmes ce qu'elles désirent faire. Ceci n'est qu'un autre exemple du fait que nous nous laissons entraîner constamment par nos habitudes.

LA RÉALITÉ DU SUBCONSCIENT ET DU CONSCIENT LA DIFFICULTÉ DU CHANGEMENT

On remarquera ainsi qu'à l'âge adulte, 95 % de la nature de la plupart des gens ne sont rien d'autre que le condensé de leurs habitudes mémorisées, de leurs pensées, de leurs croyances, de leurs réactions émotionnelles, des attitudes et des perceptions qui fonctionnent toutes comme un système d'exploitation d'ordinateur. Tout cela est, bien entendu, gravé dans le subconscient. Il ne leur reste plus que 5% pour la partie consciente, qui pourra donc décider d'être heureux, d'être en bonne santé, d'évoluer, en somme, de prendre des initiatives.

Lorsque vous décidez alors de changer, votre esprit conscient, qui prend l'initiative, ne représente que 5% de votre nature en ce moment. Le corps, quant à lui, s'étant déjà habitué à tout ce qui est emmagasiné dans la partie subconsciente, est dans un tout autre « *mood* » ou programme. Le hic, c'est que là il pèse 95%. Comparé aux 5%, il représente une majorité écrasante. **Et c'est de là que vient toute la difficulté quand on décide de changer**. Changer suppose le renversement de plusieurs jours, plusieurs mois voire plusieurs années de routine. Mais alors, comment parvenir à effectuer ces changements ?

LE SECRET POUR PARVENIR À RÉELLEMENT CHANGER

Le Docteur Joe Dispenza, neuroscientifique et auteur de plusieurs livres sur le développement personnel, le vrai, propose, pour ce faire, d'aller au-delà de l'esprit analytique ou critique. Puisque ce qui sépare le subconscient de la partie consciente est l'esprit analytique. Selon Dispenza, la méditation est une excellente façon d'y parvenir. La méditation permet en effet de modifier les vibrations cérébrales en les ralentissant. Ce faisant, l'on peut, via la pratique continue, entrer dans le système d'exploitation du subconscient et y effectuer des changements importants.

COMPRENDRE LE MÉCANISME DU CONDITIONNEMENT PAR LE PASSÉ

Par ailleurs, il faut noter que beaucoup de personnes, quand il leur arrive une tragédie ou une quelconque mésaventure restent braquées sur cette dernière et n'arrivent pas à passer à autre chose. Et finalement, c'est ce qui va conditionner leur subconscient pendant les jours, les mois, voire les années qui suivent. C'est à juste titre qu'un dicton souligne que « **si vous êtes déprimé, c'est que vous**

vivez dans le passé ». Il est intéressant de se pencher sur la raison pour laquelle les gens n'arrivent pas à surpasser ces tragédies et, en lieu et place, remettent en scène, encore et encore, les mêmes scénarios dramatiques dans leur tête.

En vérité, plus une épreuve est difficile, plus forte est la réaction émotionnelle qu'elle déclenche. Et plus le quotient émotionnel est élevé, plus le cerveau met toute son attention sur la cause qui est à l'origine de l'épreuve. Et quand le cerveau détecte la véritable cause, il le garde pour de bon et cela s'insère dans la mémoire comme un souvenir. Ainsi, les expériences les plus émotives vont donc plus marquer l'esprit d'une personne que des expériences moins intenses en termes d'émotion. Les souvenirs qui perdurent le plus sont associés à des réactions émotionnelles très fortes.

Si les réactions émotionnelles (peur, colère, anxiété, tristesse, manque de courage …) qui résultent d'une expérience douloureuse, demeurent pendant plusieurs jours, on parlera de « mood ». Si vous maintenez ces mêmes réactions émotionnelles pendant plusieurs mois, on appellera ça le tempérament. Et si les réactions perdurent pendant plusieurs années, alors elles deviennent un trait de personnalité de l'individu concerné. L'exemple le plus en vue est la réaction des personnes qui ont subi une grosse déception amoureuse. Parfois, une simple déception amoureuse peut entraîner un sentiment et des réactions de peur, de méfiance et un manque de courage de reprendre proprement une nouvelle relation. Cela peut durer plusieurs années. Le temps ou la durée pendant laquelle vous faites durer les réactions émotionnelles constitue ce qu'on appelle la *période réfractaire* (vos réactions se présentent alors comme une réfraction de ce qui vous est arrivé). Plus longue sera cette période, le plus dangereux ce sera puisque cela vous handicapera d'une manière ou d'une autre.

SAVOIR COUPER LE CORDON DANGEREUX POUR NE PAS TOMBER DANS LE CERCLE VICIEUX

Il s'agira donc de pouvoir raccourcir autant que possible la période réfractaire faisant suite à tout événement douloureux ou toute tragédie. Le mieux est d'ailleurs de faire en sorte que cette période réfractaire s'arrête au moment même où elle a commencé. Or, c'est tout le contraire que la plupart des gens font inconsciemment. Ils ne cessent de se remémorer les événements douloureux du passé avec une interprétation négative, et par conséquent, ne cessent de faire perdurer la période réfractaire. Cette façon de faire est en réalité un mode de survie ; mode de survie dans lequel la plupart des gens passent plus de 80 % de leur vie. C'est compréhensible puisqu'ils ne veulent pas retomber dans les mêmes pièges. Mais c'est dangereux parce que les pensées reproduisent leurs équivalents en actions. En effet, le mode survie fait qu'on imagine constamment les pires scénarios pour les événements à venir. Il en résulte de la peur, une peur à laquelle s'habitue continuellement le corps. Une fois que le corps s'est habitué à ce confort de la peur, de la limitation et de la survie, alors tout changement devient ardu. Chaque fois que vous voudrez établir de nouvelles normes de pensées et d'actions, le corps s'oppose, essayant constamment de revenir à son état « habituel ».

C'est ainsi que vous trouvez des gens qui ont des réactions particulières et souvent handicapantes qui sont, en réalité, la résultante d'une chose qui leur est arrivée 5, 10 voire 15 ans auparavant. Les émotions qui ont été créées lors des événements passés ont tendance à mettre le corps dans un état de limitation auquel il devient accro. C'est une situation de confort qui plaît au corps et dans lequel il se sent en sécurité. C'est même un mode de prévention et de survie pour le cerveau et le corps. Chaque fois que ces gens repensent à ces événements passés, les mêmes émotions se présentent à nouveau. Et le corps reproduit les mêmes réactions et les mêmes pensées puisqu'il (le corps) se dit qu'il se retrouve dans les mêmes circonstances. Le corps ne distingue pas forcément les simples pensées des réalités physiques. En d'autres termes, la personne concernée vit dans le passé. Concernant les pensées, il faut savoir que les réactions et les émotions auxquelles nous sommes sujets sont directement associées à des neurones ou à des circuits neuronaux. Plus précisément, le fait de se remémorer des événements précis font que les circuits neuronaux y associés se renforcent et sont constamment remis en opération. Autrement dit, c'est tout un **programme mental** qui est mis en place et qui se met en œuvre chaque fois que vous revivez un événement du passé dans votre tête. Parfois, la simple vue d'une personne ou d'une chose ou même le simple fait de vous retrouver dans des circonstances données peuvent déclencher ce programme mental. Malheureusement, il s'agit souvent d'un programme négatif lié à l'anxiété, à la peur, à la nervosité, etc. Ledit programme mental entraîne évidemment aussi le corps.

DEVENIR PLUS FORT QUE SES SENTIMENTS ET SES ÉMOTIONS – UNE TOTALE REPROGRAMMATION

Déjà, il faut savoir que dès lors que vous décidez d'effectuer un changement, vous allez rencontrer de la difficulté puisque ce sera inconfortable. Vous décidez en fait d'aller à l'encontre du confort auquel le corps s'est habitué. Vous allez à l'encontre du programme mental déjà établi et c'est donc tout à fait normal que le changement soit un processus difficile. Le corps, voulant rester dans son confort, commence à influencer le mental pour lui faire des suggestions telles que :

« Commence demain »

« Tu le feras plus tard »

« Ceci n’est pas toi »

« Ceci n’est pas bon pour toi »

« Tu ferais mieux d’abandonner »,

« En as-tu vraiment besoin ? »

« Pourquoi tu te fatigues autant ? »

« C’est dangereux pour toi ! »

« Cette relation va te blesser à nouveau. »

« Cette personne n’est pas idéale pour toi. »

etc.

Votre réaction face à ces types de pensées sera déterminante. Si vous y donnez une suite positive et vous laissez aller, alors vous retombez dans le même cycle d’habitudes, d’émotions et de pensées négatives. Par contre, si vous faites l’effort de ne pas vous laisser conduire par ces pensées, et qu'en lieu et place, vous vous permettez de raisonner convenablement, alors vous vous mettez à créer une autre réalité. Il faut comprendre qu’il s’agit de reprogrammer le subconscient qui n’est rien d’autre que l’ensemble des habitudes du corps.

Avant tout, il faudra vous rendre compte du réel problème, à savoir que c’est votre cerveau qui vous joue des tours et que c’est un programme mental négatif qui s’est mis en place. Il faut connaître d’abord le problème. Sinon vous ne pourrez rien résoudre. Einstein disait : **« Si vous ne trouvez pas de solution à un problème, c’est que vous avez mal posé le problème.** ». Lorsqu’un problème est bien posé, il est à moitié résolu. Il faut donc pouvoir accepter déjà qu’il y a un problème.

Ensuite, apprenez à penser autrement, à modifier vos interprétations des événements douloureux du passé. Ceci permettra de changer les émotions associées. Au lieu de les voir comme un malheur, voyez-vous comme quelqu'un qui y a survécu et qui est devenu plus fort. Voyez ces événements passés comme quelque chose de bien qui vous est arrivé puisqu'ils vous ont permis d'apprendre et de vous fortifier. Ou tout au moins, convainquez-vous que c'est du passé et que ça n'a rien à voir avec votre présent. Changez les émotions de colère, d'anxiété, de tristesse, de dépression qui y sont associées en un simple sourire, en de la force, en du courage. Il s'agira de refuser de se laisser aller à la peur et à toutes ces émotions qui dévorent l'âme, et de ne simplement en tirer que les leçons nécessaires. Aussi, faut-il pouvoir vous convaincre que votre passé ne détermine point votre avenir. Ce que vous avez fait par le passé et ce qui vous est déjà arrivé ne sont pas supposés se reproduire, à moins que vous ne les laissiez se reproduire. Demain n'est pas aujourd'hui, ni hier. Gardez cela en tête.

« Notez toutefois que parfois on n'arrive même pas à savoir qu'on a un problème et c'est le plus compliqué dans l'histoire. En écrivant les lignes précédentes, je faisais face à une situation pareille sans même m'en rendre compte. Et c'est bien des mois après que j'ai compris que c'était le problème sus exposé qui me dérangeait, que j'en avais traité dans cet écrit et que je ne savais même pas en ce moment que j'étais en plein dedans. Une chose est donc de pouvoir savoir qu'on fait face à ce type de complication avant d'envisager la pallier. »

DÉCIDER DE PRENDRE LES RÊNES POUR CHANGER SA VIE

Personnellement, c'est quelque chose que j'ai appris à faire. Je me suis tout simplement interdit les émotions négatives. Dès que je sens que je veux y plonger, je commence par mettre en garde mon mental et je sais que je dois penser autrement. J'ai eu à commettre plusieurs erreurs (certaines pourraient même être qualifiées de criminelles ou de délits) par le passé. Chaque fois que j'y repensais, des sentiments de tristesse, de regret, de découragement et d'infériorité m'envahissaient et me handicapaient littéralement. Je n'avais plus envie de rien faire, me sentant déprimé. Mais à un moment donné, j'ai compris que je ne faisais du bien ni à moi ni à personne avec cette façon d'être. J'ai donc décidé de tout changer et de ne plus laisser place à ces sentiments. J'ai décidé de tirer concrètement les leçons des événements passés et de ne pas me laisser définir par eux.

« **Je suis ce que je décide d'être.** »

C'est vraiment quelque chose de mental dont vous devez prendre la décision. Mais avant de pouvoir prendre cette décision, il faut vraiment croire en le fait que l'inquiétude, le doute, l'anxiété, la tristesse, le découragement et le souci n'apportent pratiquement pas grand-chose de bon. Il s'agira donc d'apprendre à réfléchir plutôt qu'à devenir soucieux. Dès que la tristesse voudra vous envahir, il conviendra de mettre un panneau « **stop** ». C'est un travail de longue haleine qu'on ne réussit pas du premier coup, ni à la deuxième tentative. Il faut essayer encore et encore jusqu'à ce que le précédent programme mental soit changé en un tout nouveau programme que vous aurez établi. Mais soyez sûr qu'une fois que vous décidez de ne plus être la proie des émotions négatives, votre monde change. Désormais, pour ne pas reproduire les événements négatifs du passé,

« **apprenez à vous concentrer sur ce que vous désirez réellement**. »

C'est comme une graine que vous plantez dans le sol. Vos pensées représentent la graine. Une graine de soja ne donnera qu'une plante de soja. Ce que vous pensez se réalise donc. Mais si vous voulez quelque chose et que vous vous laissez dominer par la peur de sa non-réalisation, alors c'est votre peur qui se concrétisera. Autrement dit, c'est le contraire de ce que vous désirez qui se réalisera. Il est donc question de se permettre de visualiser constamment ce que vous voulez. Ce n'est pas facile, mais il faut apprendre jusqu'à s'y habituer.

DÉSIRER, Y PENSER, PRIER AVEC FOI ET VISUALISER

J'ai été épaté par une anecdote personnelle. Pendant une semaine, j'avais tellement désiré conduire une voiture. Je me visualisais constamment en train d'ouvrir le portail de ma maison, y faire entrer ma voiture, sortir grandement de la voiture, sortir le lendemain matin, passer dans les rues de mon quartier au volant d'une voiture au lieu d'être à pied comme d'habitude. J'ai mis cela en prière et j'avais établi un plan pour acheter une voiture dans quelques mois. Mais j'ai été surpris de me voir réaliser toutes ces choses que je visualise bien plus tôt que prévu.

Comment cela s'est passé ? Un aîné à moi m'a appelé pour l'aider à installer un logiciel sur son ordinateur. Ayant remarqué que j'avais pris un taxi-moto pour le transport, il me demanda où est mon moyen de locomotion. Je lui répondis que je n'en avais pas. Il me suggéra alors de prendre, pour le moment, sa voiture qu'il a garée depuis plusieurs semaines, puisqu'il ne l'utilisait plus, et me confia qu'il désirait la mettre même en vente si possible. Quelle a été ma surprise de voir que ce à quoi je pensais et que je désirais ardemment était en train de se réaliser en toute simplicité ! Il y eut quelques complications mais finalement j'ai pris la voiture et ai exactement concrétisé ce que je voulais, à savoir être au volant et pouvoir faire entrer une voiture chez moi. Bien sûr, ce n'était pas proprement la mienne mais mon gros désir était réalisé. C'est une illustration de la manière dont le désir ardent, la visualisation et des pensées précises peuvent se manifester en leur équivalent physique, matériel.

Le plus dur est alors de pouvoir déterminer ce qu'on désire réellement et de pouvoir se concentrer dessus, puis d'établir un plan pour sa réalisation. C'est le principal exercice que vous devez apprendre à faire constamment : juste visualiser précisément ce que vous désirez. Rester dans le doute est quelque chose de facile. Imaginer et être sûr qu'on aura ce qu'on veut est plus dur mais en vaut la peine. Vous pouvez aller plus loin et écrire ce que vous désirez, ce qui est d'ailleurs fortement recommandé par Napoléon Hill et Brian Tracy.

Cependant, avec l'expérience, j'ai compris qu'en matière de visualisation de ce qu'on désire, il faut souvent avoir un plan de concrétisation. La simple planification permet de croire plus fort en la chose. Qui plus est, un plan est défini en de simples étapes qui sont facilement réalisables. Il faut donc savoir procéder en la visualisation étape par étape. Une vision plus globale est difficile à réaliser. Par contre, une vision précise se concrétise bien plus facilement. Sachez donc précisément ce que vous voulez. Rappelez-vous ; **un problème bien posé est à moitié résolu**.

Chapitre 4

Des fondamentaux pour un véritable développement humain

1. Comprendre comment les choses fonctionnent

Il est indispensable de savoir s'intégrer à la manière dont les choses marchent autour de vous. Autrement dit, vous devez étudier votre environnement et vos domaines de prédilection pour vous approprier le mode de fonctionnement des écosystèmes aussi bien physiques qu'immatériels. La curiosité se révèle donc être une qualité que vous devez avoir. Il n'y a rien de plus déplorable, en fait, que d'être stupide. S'il est vrai que la pauvreté n'est pas la meilleure chose qui puisse vous arriver, la stupidité est de loin encore moins intéressante. Intéressez-vous aux choses, aux réalités autour de vous. Dans ce sens, vous devez être comme un enfant qui a soif d'apprendre, imprégné d'une extrême curiosité. L'importance de cette façon d'être réside dans le fait que c'est ce qui vous permettra d'avoir souvent des idées.

“Plus vous en savez, plus d'idées vous êtes en mesure d'avoir.”

Et lorsque les idées vous viennent, apprenez à les noter dans votre agenda ou autre support. Ne faites point confiance à votre mémoire sinon vous oublierez. Inscrivez vos idées sur un support, et si possible, établissez un plan de réalisation pour les concrétiser. Une simple idée peut complètement changer votre vie car elle peut résulter en d'autres idées qui, au fil du temps, pourraient se conjuguer en fortune. Ne négligez donc pas les idées.

2. La lecture

Devenez un bon lecteur. Presque toutes les personnes à succès énorme sont de gros lecteurs. Ils dévorent les livres. Vous devez savoir qu'un simple livre peut vous faire économiser plusieurs années d'expérience.

"Il y a en effet deux façons d'apprendre dans la vie : par l'expérience personnelle et par l'expérience des autres."

En lisant les histoires des autres, vous gagnez beaucoup de temps. À travers leurs différentes expériences, plusieurs personnes à succès ont su écrire des livres dans lesquels ils décrivent leurs échecs et leurs réussites. Vous pouvez extraire de leurs réussites et échecs des lois précieuses inhérentes à plusieurs domaines de la vie.

Il y a des livres sur presque tous les sujets qui peuvent vous intéresser. Des livres sur comment appréhender ses finances et mieux les gérer sont par exemple disponibles. Ils m'ont été, personnellement, d'une grande aide. Il y a des livres sur comment renforcer son mental, son physique, comment devenir un leader, comment devenir un excellent orateur, devenir plus décisif, comment avoir de l'impact sur les autres, etc. Malheureusement, beaucoup de personnes ne les lisent pas. Devenez une des exceptions qui lisent les livres. En plus d'être un bon travailleur, vous devez devenir un bon lecteur, un gros lecteur. La lecture vous permet de bénéficier des « bons plans » de la vie. Quel que soit votre niveau d'occupation, il vous faut ménager un temps pour lire en plus d'être un gros travailleur. C'est à juste titre que le premier verset du Coran qui ait été révélé commence par « Lis ».

3. <u>Quid des lois de la nature</u> ?

Par ailleurs, il est essentiel de comprendre que **la nature a été conçue selon des lois qui la gouvernent**. Il sera donc également question de connaître les lois de la nature pour savoir en profiter et ne pas en prendre le fouet. Autant il y a des lois mathématiques, des lois biologiques et des lois physiques, autant il y a des lois métaphysiques, des lois spirituelles, des lois de la vie, etc. Apprenez à connaître ces différentes lois. Apprenez à les appréhender. L'ignorance n'a rien de positif. En Afrique, cette notion est encore plus palpable. Il est toujours préférable de savoir, de connaître. Cela affecte votre jugement et oriente mieux vos décisions. L'ignorance des lois de l'univers peut vous entraîner à votre perte. Vous risquez de subir des coups durs du simple fait de votre ignorance.

Quand il s'agit des lois de la nature et du fonctionnement des choses et du monde, il ne s'agit pas de les aimer forcément. C'est ainsi et personne ne peut les changer. Il s'agit plutôt de les comprendre afin de savoir comment les utiliser à votre avantage et/ou prendre vos précautions. Vous devez avoir l'information. Ce que vous en faites, ensuite, vous engage.

Parmi les lois de la nature que vous devez maîtriser, il y a :

- <u>La loi de l'utilisation</u> :

« **Si vous n'utilisez pas une chose, vous la perdez.** »

Une intelligence non mise à profit se perd. De l'énergie non utilisée se perd. La force non mise en action se dissipe. Même une construction non habitée s'effrite avec le temps. Quoi que vous possédiez, vous devez l'utiliser sinon vous allez le perdre. Si vous n'utilisez pas votre savoir, il s'évapore. Votre bras, si vous ne l'utilisez pas, vous finirez par le perdre. Même une ambition que vous n'entretenez pas s'effrite. Et surtout, le temps non mis à profit se perd. Voilà pourquoi vous devriez dès à présent faire un inventaire, une liste de vos capacités et de vos talents afin de pouvoir commencer par les utiliser et les mettre à profit. Un talent non utilisé se perd. La Bible raconte une belle histoire à propos de l'utilisation des talents.

Un maître ayant trois serviteurs réunit un jour les trois serviteurs. Il leur donna, à chacun, des talents qu'il leur proposa d'utiliser pour les mettre à profit. L'un des serviteurs reçoit 5 talents. Le deuxième en reçut 2 tandis que le troisième eut droit à un seul talent. Le maître quant à lui, devrait partir pour un voyage. À son retour, les serviteurs devaient lui rendre compte de l'usage qu'ils ont fait de leurs talents respectifs. Pour résumer, les deux premiers utilisèrent leurs talents qui se sont alors multipliés en plus de talents. Le dernier qui n'en a reçu qu'un seul ne l'utilisa pas malheureusement, ayant en tête de le préserver pour faire plaisir au maître. Bien sûr, les deux premiers furent appréciés par le maître et le dernier, blâmé. La leçon ici est qu'un talent utilisé se multiplie et/ou se renforce. Si, par exemple, vous utilisez régulièrement votre force, vous devenez plus fort. Si vous utilisez votre intelligence, vous devenez plus intelligent.

Notez cependant quelque chose : « **Il se peut que vous n'arriviez pas à réaliser, pendant votre courte période sur terre, tout ce dont vous êtes capable. Cependant, vous devriez essayer de découvrir tout ce dont vous êtes capable.** » Autrement dit, vous devez faire de votre mieux pour découvrir tous vos dons, toutes vos capacités, toutes vos potentialités, ou tout au moins la grande majorité. Ne pas pouvoir toutes les exploiter avant la fin de votre vie n'est pas blâmable. Mais vous devez tout de même essayer de les découvrir toutes.

- La loi de la semence et de la récolte

« Quoi que vous semez, vous récolterez. »

Voici une loi que nous connaissons très bien mais que nous n'utilisons pas toujours à bon escient. S'il y a une chose à savoir sur cette loi, c'est qu'il ne faut pas essayer de la combattre, n'essayez pas d'aller à contre-courant. Elle est incontournable. Si vous remarquez donc que vous ne récoltez pas suffisamment ou correctement, c'est qu'il y a un problème au niveau de votre semence. Ce n'est pas sans raison que l'on soutient que là où vous êtes actuellement n'est que le résultat de ce que vous avez fait par le passé, c'est là où vous méritez d'être. Une autre façon d'interpréter cette loi est celle-ci : « **tout ce que récoltez, c'est ce que vous avez semé** ». Cette dernière façon d'appréhender cette loi vous aide à mieux appréhender là où se situent éventuellement les problèmes de votre vie, ce qui va mal et ce qui en est la cause.

Une chose à noter sur cette loi est que si vous semez mal, vous aurez une mauvaise récolte. Et si vous semez bien, vous récoltez bien. Et ce que vous semez, c'est ce que vous récoltez. Vous ne pouvez pas mettre des tubercules en terre et récolter de la mangue.

Un autre point à noter concernant cette loi est celui-ci :

“**Vous récoltez toujours plus que ce que vous avez semé**.”

Et c'est là toute la magnificence de cette loi. Ce que vous avez mis en terre, vous le récupérez toujours en plus grande quantité. Toutefois, le revers de la médaille est que si vous faites une mauvaise semence, alors vous récolterez plus de mal que ce que vous avez semé. Une simple erreur peut ainsi causer une catastrophe. Il s'agit donc de savoir bien opérer chaque choix de sa vie.

La bonne nouvelle enfin est que tout le monde est capable de semer. La seule question est si vous le ferez. Notez que votre action autant que votre inaction conduiront à une destination. Chaque type de choix que vous faites conduit à une destination. Mais quelle sera la destination dans votre cas ? Voilà pourquoi il est essentiel de choisir judicieusement. Quel plan avez-vous établi pour votre vie ? Qui suivez-vous ? Qui et qu'écoutez-vous ? C'est aujourd'hui que vous plantez la semence de ce que vous devez récolter dans 5 ans, 10 ans et plus. La vie que vous désirez mener dans quelques années, les voitures que vous désirez rouler, les endroits que vous désirez visiter dans quelques années, c'est maintenant que vous en prenez la décision.

Cependant, une réalité que vous devez garder en tête concernant cette loi est que vous pouvez bien semer et pourtant ne pas récolter. Pourquoi ? Parce que vous aurez tout perdu. Vous pouvez avoir fait le travail, donné tout ce que vous pouvez, mis en place toutes les stratégies et mis en exécution toutes les actions nécessaires, et pourtant, un imprévu vient tout balayer pour ne laisser place à rien du tout. Cela fait partie du jeu de la vie. Parfois on gagne, parfois on perd. C'est comme un agriculteur qui a fait la semence, entretenu les plantes, fait le nécessaire pour obtenir une belle récolte. Cependant, une nuit, un cataclysme tel qu'une tempête se produit à la veille de la récolte et emporte tout le travail. L'agriculteur perd alors tout. Qu'a-t-il fait pour causer cela ? Rien ! Cela fait juste partie du jeu. Ce sont des événements qui arrivent. Vous serez naïf de considérer que cela n'est pas possible. Il faut en être conscient et s'y préparer. Ne tombez cependant pas dans le piège de penser constamment à ce genre de circonstances négatives. Autrement, ce sont vos pensées qui les produisent. Concentrez-vous sur ce que vous désirez, à savoir, faire de bonnes récoltes après le bon travail. L'espoir est ce dont vous devez constamment être empreint.

Chapitre 5

RESSENTIR LE MOMENT PRÉSENT – la clé du véritable bonheur

Nous passons à travers les jours, à travers les mois, à travers les années, en pensant chaque fois au moment qui suivra et ne prenant pas le temps de savourer le moment présent. Nous sommes constamment en train de nous inquiéter de ce qu'il adviendra, ne nous attardant pas sur ce qui se produit en ce moment même. De ce fait, nous vivons très souvent dans un stress constant provoqué autant par la peur de voir les dangers du passé se reproduire que par la peur d'un avenir incertain. Nous disons que nous sommes à la recherche du bonheur et pourtant négligeons ce qui procure la quiétude authentique. Nous nous efforçons chaque jour d'amasser de plus en plus de biens matériels sans pourtant prendre le temps de les apprécier. Dès que nous les acquérons, nous pensons à la prochaine acquisition, voulant toujours plus. Pourtant, il s'agit d'apprécier ce qui est là actuellement.

"Le bien le plus précieux dont nous disposons est le temps."

S'il est vrai que nous devons le mettre à profit pour réaliser beaucoup d'accomplissements, il n'en demeure pas moins que nous devons profiter de chaque seconde.

Savoir savourer le moment présent, chaque seconde, chaque minute, est une qualité que vous devez forcément développer pour vivre une vie pleine et heureuse. Chaque action que vous faites a sa part de beauté que vous devez prendre le temps d'apprécier. Parfois, même le simple fait d'attendre dans une file d'attente (chose qui dégoûte généralement) a sa part de beauté que l'on devrait pouvoir détecter et apprécier. On court derrière la fortune à tel point que les moindres plaisirs nous échappent. Je me suis rendu à l'évidence, une nuit où je discutais au téléphone avec quelqu'un, que cela faisait des années que je n'avais plus pris le temps d'admirer le ciel. Je remarquai alors que le ciel n'est plus parsemé d'étoiles comme c'était le cas alors que j'étais encore enfant.

En vérité, il est question de ralentir le temps et de vivre véritablement le moment présent. J'aime bien les propos du missionnaire chrétien Jim Elliot qui disait « ***Wherever you are, be all there*** ». Les fois où j'appliquais ce principe, en moi se réveillait une certaine satisfaction, un bonheur sans nom. Le manque de cette appréciation du moment présent est la raison pour laquelle beaucoup de personnes, malgré leur richesse, se sentent vides et malheureux.

Un célèbre orateur et coach en développement personnel américain raconte une anecdote à ce sujet. Pour la première fois de sa vie, il était amené à faire du coaching à des milliardaires. L'idée de cette expérience le stressait un tant soit peu. Il se demandait surtout qu'est-ce qui peut manquer à des milliardaires en dollars. Les choses matérielles que les gens désiraient acquérir, ils les ont. Ils ont un éventail de possibilités dont la grande majorité des gens ne disposent pas, et pourtant, ils se disent malheureux. Qu'est-ce qui cloche donc ?

En discutant avec eux, il réalise que ces milliardaires vivent à une vitesse extraordinaire qui fait qu'ils ne savent pas apprécier le moment présent. Ils ne savent pas prendre le temps d'apprécier les biens dont ils disposent. En anglais, on dira « *They don't enjoy what they have and the time they have* ». Et c'est de là que provient toute leur tristesse, leur manqué de bonheur. Je suis d'ailleurs tenté de citer ici une citation que je ne cautionne pourtant pas trop : « L'argent ne fait pas le bonheur ». Cette citation a créé beaucoup d'argumentations de différents types. Comme toute célèbre assertion, il y a une part de vérité et une part d'irréalisme dans cette phrase. Je trouverais la justesse de cette phrase dans le fait que si vous avez de l'argent et que vous ne savez pas apprécier les biens et les possibilités que cela vous procure, alors votre argent ne fera pas votre bonheur.

Ne dit-on pas que c'est quand on perd une chose qu'on en connaît la valeur ?

Ceux qui ont été emprisonnés connaissent la valeur de la liberté.

Ceux qui ont connu la faim connaissent la valeur de la nourriture.

Ceux qui ont manqué de vêtements en connaissent la réelle valeur.

Ceux qui ont été malades au point de frôler la mort connaissent la valeur de la santé.

Ce qui est déplorable est que même si nous avons connu le manque, et qu'ensuite nous nous retrouvons dans l'abondance, nous oublions le manque que nous avons connu. Il faut travailler, beaucoup travailler, mais il faut également savoir savourer le bonheur de travailler, le bonheur de se distraire seul, le bonheur de s'amuser avec sa famille, le bonheur de regarder les personnes qui passent, etc. Il faut savoir savourer le moment présent. Mon approche n'est peut-être pas la meilleure, mais vous avez sans doute compris l'idée sous-jacente.

"Ralentissez, si nécessaire, et appréciez."

Chapitre 6 :

Maîtriser le jeu de l'argent

L'argent a un esprit. Oui, vous avez bien lu ! L'argent est doté d'un esprit ! Et si vous utilisez mal vos sous, cet esprit se frustre et parfois s'en va. Il est donc question de maîtriser le jeu de l'argent. Et la première règle générale est de faire attention au gaspillage. Or, dans une société de consommation comme celle dans laquelle nous sommes actuellement, on est tenté, à tout moment et partout, de dépenser sans cesse. Les publicitaires nous envahissent incessamment, et nous nous lançons dans une course "sans but" de l'acquisition. On veut tout avoir, tout détenir. Le plus flagrant est la course pour les dernières technologies, en l'occurrence, les smartphones et les iPhones. Dès que la dernière série est révélée, on veut faire partie des premiers à l'acquérir, quitte à s'endetter. Et tout ceci n'a pour objectif que de flatter son égo, impressionner les autres et se tailler une place importante dans la société. On veut porter les marques les plus chères pour être à la mode. On veut avoir le plus gros SMART TV pour impressionner nos visiteurs. Etc.

En réalité, nous n'avons point besoin de la plupart des gadgets et des accessoires que nous nous procurons. Ou, dans certains cas, on peut se procurer des modèles moins chers et pourtant de bonne qualité. Nous gaspillons éperdument et l'esprit de l'argent se fâche pour cela et à tendance à nous fuir.

Par ailleurs, il est possible de se faire plaisir tout en réjouissant cet esprit de l'argent. Comment ? Simplement par une bonne gestion. La gestion financière est essentielle à toute personne désirant parvenir à un réel épanouissement. Pouvoir parfois se priver est essentiel pour avancer. Il est donc question de sélectionner les dépenses essentielles. Je suis un exemple vivant que la mauvaise gestion financière peut conduire au stress, voire à la dépression.

Il importe de mettre un accent particulier sur les systèmes bancaires aujourd'hui mis en place qui encouragent la mauvaise gestion de l'argent. On dispose même du système de "découvert", qui te permet même de dépenser des sous que tu ne possèdes pas encore. Toute chose qui enlise dans la dette, la dette étant source de pauvreté dans bon nombre de cas. Ce n'est pas sans raison que, particulièrement dans les sociétés occidentales, les personnes sont souvent à cran, stressées, et régulièrement enclines à la dépression. La banque profite, les citoyens sont perdants, et souvent, sans le savoir. Nul besoin de rallonger les propos ici puisque nous savons tous de quoi il s'agit.

Comme sus précisé, il faut pouvoir organiser ses dépenses. Dans un autre ouvrage, j'avais déjà abordé le sujet. Une des astuces est de procéder par la méthode des pourcentages. La somme que vous percevez équivaut à 100 %. Et avant même de la percevoir, l'idéal est de déterminer le pourcentage de chaque type de dépense à faire.

- Vu que vous devez assouvir vos besoins essentiels dont la nourriture et le déplacement, un certain pourcentage doit aller dans ce sens.
- Vu que les dettes sont déjà présentes, un certain pourcentage doit aller vers leur remboursement.
- Mais, retenez et n'oubliez jamais que la règle d'or pour avoir une certaine tranquillité et de la prospérité est de savoir épargner. L'épargne est primordiale dans votre répartition financière.
- Par ailleurs, épanouissement total rime avec évolution financière. Dans cette optique, un certain pourcentage doit être dirigé vers l'investissement. La chose est d'autant plus facile qu'aujourd'hui, plusieurs organismes en ligne proposent des services intéressants pour investir et voir son argent se fructifier au fil du temps. La bourse est un exemple intéressant en la matière. Renseignez_vous autour de vous et sur la toile pour connaître les

différentes opportunités d'investissement. Attention cependant aux arnaques. Les offres trop belles cachent souvent des pièges.

- En dernière position, une des lois de la nature qui ne ment jamais est celle du donner et du recevoir. Il faut pouvoir procéder à la charité pour accroître ses acquis financiers tout en vivant une certaine quiétude. Les Chinois connaissent bien cette loi. Un certain pourcentage de vos acquis doit donc toujours servir à aider. Si vous êtes religieux, faites, entre autres, des sacrifices à l'endroit de vos ancêtres pour les honorer afin qu'ils intercèdent auprès du Créateur pour vous.

En résumé, voici un exemple de répartition, en pourcentages, que vous pouvez adopter ou réadapter à votre situation !

Dépenses essentielles dont la nourriture et le déplacement : 50 %

- Remboursement de dettes : 20 %
- Investissement : 10 %
- Épargne : 10 %
- Charité : 10 %

Si vous n'avez pas de dettes, tant mieux !

Faites un effort pour toujours planifier vos acquis financiers et voyez comment la magie va s'opérer dans votre vie.

Vous avez saisi la logique générale. Plus besoin de s'attarder donc sur ce dernier sujet.

CONCLUSION

Que dire si ce n'est qu'un simple rappel ?

Avoir du succès va au-delà du simple fait d'amasser une grande fortune financière et de posséder des biens en grande quantité. C'est avant tout la capacité à être satisfait de soi-même, de ses accomplissements, de ses transformations positives, de son parcours et des objectifs vivement poursuivis et atteints ou non. Et cette satisfaction est journalière, mensuelle, annuelle et liée au cours d'une vie. Et pour atteindre ce niveau de satisfaction et de fierté, il est question d'adopter un certain mode de pensée, un certain type d'habitudes et de discipliner sa vie.

"Disciplinez votre vie pour réussir votre vie."

Lorsque vous analysez votre passé et que vous faites le bilan, remarquez-vous une évolution claire ? Ou avez-vous tendance à vous voir pratiquement à la même place ? Dans le deuxième cas, il est temps de vous réveiller, de comprendre que vous êtes le principal acteur, de suivre le mode d'emploi qui vous est fourni dans ce petit écrit et de changer votre vie à 180 degrés pour triompher sur la vie.

Sources bibliographiques

- NAPOLEON Hill, Réfléchissez et devenez riche, Edition Vermilion, 2004, 302 pages.

- ROHN Jim, 7 Strategies for Wealth & Happiness: Power Ideas from America's Foremost Business Philosopher, Edition Harmony, 2004, 176 pages.

- DISPENZA Joe, Rompre avec soi-même, Edition Tredaniel, 2020, 294 pages.

- ROBBINS Anthony, MONEY Master the game 7 Simple Steps to Financial Freedom, Edition Simon & Schuster, 2016, 688 pages.

Printed by Books on Demand GmbH, Norderstedt / Germany